JN439229

錦江縱走詩篇

금강 천리 길

국립중앙도서관 출판예정도서목록(CIP)

금강 천리 길 : 錦江縱走詩篇 : 김종윤 시집 / 지은이: 김종윤. -- 대전 : 지혜 : 애지, 2017
p. ; cm. -- (지혜사랑 ; 170)

ISBN 979-11-5728-234-0 03810 : ₩9000

한국 현대시[韓國現代詩]

811.7-KDC6
895.715-DDC23 CIP2017014323

지혜사랑 170

錦江縱走詩篇

금강 천리 길

김종윤

지혜

시인의 말

다시 한 권의 시집을 낸다.
이 샘의 끝을 알 수는 없지만
이쯤에서 매듭을 하나 묶는다.

발과 자전거로 이은
금강 종주를 맨 앞에 놓는다.
금강의 발원지인 장수 뜸봉샘에서
군산 탁류까지의 여정을
순서대로 엮으면서
몇은 네 번째 시집의
금강 시편들을 넣었다.

오래 만지작거리며
광택이 나기를 기다렸지만
향기에 이르지는 못했다.

벌써 한 고민이 깊어지고 있다.

2017년 장미 5월
김종윤

차례

1부 달집태우기

2부 회양나무 계단

3부 오후 세 시와 네 시 사이

• 일러두기
한 연이 첫 번째 행에서 시작될 때는 > 로 표시합니다.

1부

달집태우기

수분송
— 금강 길 1

장수군 물뿌랭이마을
수분령의 수분송水分松은
금강의 발원지 신무산 뜸봉샘
맑은 물줄기에 뿌리를 내리고
오늘도 푸르게 하루를 살고 있습니다
이 늙고 굽은 소나무는
갈라진 손끝마다 청바늘을 돋우고
한 줄기 샘물을 따라 바다 마중을 갑니다
뜸봉샘의 작은 물줄기는
바다를 꿈꾸는 노송의 사랑입니다
사랑은 가슴에 한 줄기 강을 내는 일입니다
변함없이 믿음을 주는 일입니다
금강의 여정이 바다에 이르듯
노송의 삶도 바다에 닿습니다
강물은 궁벽치 않은 샘을 근원으로
사랑은 마르지 않는 그리움의 힘으로
먼 길을 밀고 갑니다
우리는 한 그루 소나무를 통해
변함없이 깊어지는 믿음을 봅니다
당신에게 향하는 내 믿음을 봅니다

달집태우기

— 금강 길 2

대보름날, 두릅나무가 단창短槍 숲을 이룬
금강의 발원지 신무산 뜸봉샘에서
한나절을 보내고 등태골 늑골 아래로
시리게 흐르는 물소리로 귀를 밝힌다
물뿌랭이 마을 좁다란 길목의 처마 밑 돌샘에서
소죽물을 기르는 아낙을 지우며 어둠이 내린다
노인회관 앞 마른 논에 달집이 올랐다
푸른 대나무로 얼기설기 기둥을 세우고
생솔가지 덮고 동쪽으로 문을 내었다
호두골 성긴 가지 사이로 보름달이 오르면
허리 굽은 노인들이
야윈 어깨에 북을 둘러메고
장고를 지고 마른 논을 밟는다
물 흔한 양짓골 마지기 논 묵고
아이들 울음소리 멎은 지 오래
노인들의 마을에 짚불이 오른다
장작 같은 뼈마디 곧추세워 논을 밟는다
농사 않는 묵은 논 풍년을 빈다
마디마디 터지는 대나무의 호통으로
액운을 막고 악귀를 쫓는다
달집에 헝겊 태워 다산을 기원한다
불이 오르고 북소리 징소리

꽹과리소리가 고푸리고 젖히며
금강을 따라 먼 길을 길을 떠난다

동냥밥 한 그릇
— 금강 길 3

바람 한줄기 소식 없고 햇살 뜨거운 날,
허리춤에 찬 물병 두 개를 비우고
지친 다리를 무겁게 끌며 걸어도
검은 길은 한마디 말없이 저만치 앞서 갑니다
금강 상류 유원지
왕버드나무 아래 배낭을 부리고
왼 발에 네 개 오른 발에 다섯 개
하얗게 부풀어 오른 물집을 터트리고
아픈 발보다 고픈 배가 간절하여
빈 그릇 하나 들고 밥 동냥을 갑니다
흰 밥과 김치 한 가득
그리고 뜨거운 고기도 몇 점
몸 속 길에 차곡차곡 밀어 넣습니다
밥 한 그릇의 힘이 오십 리
아침 밥 한 그릇의 힘으로 멀리 왔습니다
절실한 그리움도 없이
뜨거운 눈물도 모르고 살아온 날들이
동냥밥 한 그릇에게 미안합니다
배낭을 둘러메고 신발 끈을 다시 묶습니다
한 그릇 밥의 희망은 든든하고
물병이 두 개나 있는 맑은 날입니다

비 온 다음 날

— 금강 길 4

온 천지가
눈물 한 섬씩 받아
몸 씻은 날
산봉우리마다 피어나는
붉은 눈물 자국
실컷 울고 난 하늘
한결 깊어지고
붉맑게 흐르는 금강은
가슴과 가슴에
시린 눈물 한 사발씩 건네며
마을을 지나 바다로 간다
우리는
눈물이 많은 짐승이라서
기쁨도 눈물로 풀고
슬픔도 눈물로 푼다
금강의 굵은 눈물 한 줄기는
강물이 되어 끝끝내
바다에 닿는다

죽도
— 금강 길 5

서녘으로 흐르면 섬진강
동녘으로 흐르면 금강
한 몸에서 나서 영영 나뉘었다가
바다에서 비로소 다시 만나는 길이 있다
비단길 굽이치며 흐르던 금강은
가막리, 예서 막혀 호수가 되었다
섬 같던 죽도는 이제 정말 섬이 되었다
인의가 부족한 지아비는 버려도 된다던
정여립의 화살촉 같은 죽도야
빨래하고 쌀 씻고 설거지하기 위해
황소 눈깔 두릿두릿 뜨고서 멀어지는
용담의 물줄기를 보아라
전설의 강은 이곳에 없단다
맹물도 청춘들처럼 도시로 향한다
금강 천 리, 바다의 꿈은 먼데
거칠고 굽은 길은 버려도 되느냐
우리의 욕망은 또 왜 이리 경망하냐
금강골 가막리,
죽도의 그늘에서 끝내 길을 잃은 금강아

용담댐에서

— 금강 길 6

용담골 너머 붉은 해 돌아가는 산모퉁이
허리 잘린 붉은 흙 위에 봄꽃은 피고
흐드러진 꽃밭에 앉은 염소 한 마리
목줄의 한계까지 빙빙 돌아
발자국으로 붉은 해 하나 그려놓았다
염소 목줄에 앉았다가 튀어 오른 햇발들이
용담못에 들어가 파랗게 풀리고
어둠이 짙어가는 저 쪽으로
바람 한줄기 숨은 뱀처럼 꽃밭을 흔들며 간다
염소야, 우리는 참 순한 짐승이 아니냐
시린 계곡을 돌아 나온 산골 물처럼
맑고 가난한 눈을 뜨고서
빙빙 돌다가 풍경 되는 너처럼
나도 굽이굽이 물길 따라 돌고 돌다가
가슴에 붉은 해 하나 그려지면
인연이 슬며시 옷깃 당기는 곳
냄새 피우며 살던 어둠의 가운데로 걸어가
한 개 검은 바위로 엎드리련다
어둠이 밤의 꽃으로 피는 용담 계곡에서
우리는 마음 가난한 살붙이들
눈빛 순한 검은 짐승들

홍수가 내는 길

— 금강 길 7

맨살의 흙빛 몸짓이다
옛길 버리고 자갈밭 넘어
미루나무 논둑 넘어
감나무 돌담 넘어
새 길을 찾아 나선 금강아
거친 핏줄 속을 콸콸 흐르며
상처마다 맨살 돋우는 아픔으로
탯줄 자르는 마음으로

상처가 길이 된다

감탕밭 길 상처 여물고
세월 깊어져
금강이 다시 풍경이 될 때
떠났던 생명들 돌아오고
하늘 파랗게 내리겠지
사람과 강이 다시 하나가 되어
천년을 살겠지

오늘, 흙빛 강은
계곡을 치며 새 길을 찾는다

물 부는 시간
— 금강 길 8

우당탕 흙탕물 불어나는 저녁
흙길을 따라 금강에 간다
농수로 건너는 좁은 다리 위를
릴 낚시꾼이 막았다

여기는 어제까지 마른 자갈밭이었는디,
지랄하고 여기서 뭐한댜
논에 물꼬 터지것어
경운기는 가야할거 아녀

아, 물 부는 시간 아녀유
물 부는 시간,
괴기는
물만 있으믄 올라 온당께

좁은 다리 위에서
덜컹거리는 말들이 뒤집히고
수위를 높이며 절정에 오르는
샛강의 감탕질

어덕서니

— 금강 길 9

신무산 뜸봉샘에서 내리는 금강 천리
수분령 골물은 천천에서 비로소 강이 된다
예서부터 소리를 숨기고 몸짓으로 흐른다
금강 우듬지길 걸어서 이틀,
인의를 저버린 왕은 버려도 된다던
정여립의 창끝 호령이 우뚝한 가막리 죽도에서
저린 발을 강물에 담그고 쌀을 씻는다

내일은 저 산에 올라보리라

저문 강에 더운 몸을 식히고
강가에 눕는다 어둠이 에우고
물소리가 덮는 깊은 밤,
난분분 흔들리는 빛이 있어 자갈밭에 나서니
동학의 혼령 같은 반딧불들,
눈앞에 우뚝 선 검은 산
올려 볼수록 갑옷처럼 투구처럼 다가와
지친 몸을 누르고 밟는 저 거인,
저 어덕서니

서마서마 식은 몸으로 밤을 세우고
나뭇가지 사이로 햇귀가 내릴 때 강가에 선다

강물은 여전히 푸르고 맑다
층층나무 개망초 구절초
모두 평안한 밤을 보낸 표정이다
신발 끈을 묶으며
허물어진 마음의 블록을 다시 올린다
무거운 발걸음 다독여 용담을 지나 금산으로 내린다
햇살 속에 어덕서니를 숨기고 상처난 길을 걷는다

용담호에 쓰는 편지
— 금강 길 10

늙고 주름진 콘크리트 길 하나가
낮은 언덕을 내려가 용담호 속으로
엉거주춤 들어가고 있다
머리부터 허리까지 물속에 넣은 채
오랫동안 두리번거리고 있다
어제는 꽃상여 하나가
이 수몰의 길 끝을 돌아 산으로 갔다
요령소리 오래 머물렀지만
물속 탱자나무 돌담길에는 끝내 닿지 못했다
물이 차오르기 전 이 길은 사과 과수원과
고구마밭을 지나 대숲 아래 마을에 닿았다
햇살 뜨겁던 날, 머리에 수건을 쓰고
고구마 줄기를 걷어내던 소년은 어디로 갔을까
굽은 허리로 붉은 사과를 거두던
노인의 시선은 지금
어느 갈피에서 흔들리고 있을까
장수를 지나 천천의 물줄기로 흐르던 금강은
골 깊은 죽도에서 풀어져 호수가 되었다
초승달에 빛나는 호수는
묵색의 빈 편지지 한 장이다
용담골을 떠나지 못하고 호숫가에 둘러앉은
낮은 불빛들을 향해 편지를 쓴다

잔설 옆에 노루귀꽃이 피고
정자 옆 양지에는 산수유 봄물 오른다고 쓴다
어제는 고사리밭에 묘 한 채가 이사를 왔다고
남의 발로 돌아왔지만
세상에 그리움보다 더 큰 이념이
어디 있겠느냐고 쓴다
찬바람 달래면서 용담호 수면에 가만 가만 눌러 쓴다

불을 끄다

— 금강 길 11

가을 홍수로 불어난 금강을 따라 내려갔다
키 작은 코스모스도 마른 갈대도 함께 내려가는
석양 아래의 붉은 물길은 잘 닦인 신작로였다
이 황토 물길을 따라 무량의 세월이 흐르고
좁다란 이 자전거길 말고
넓은 저 물길 위를 달려보고 싶다는 욕망이
황혼으로 물드는 저녁, 자전거가 자주 흔들렸다
올라오는 길은 어둠 속 미로였다
돌아갈 날이 짧은 제비들의 마지막 춤사위도
강을 건너 달려오는 불빛도 무심한 풍경이었다
봉긋이 부푼 초승달 아래 자전거 불빛 앞세우고
세상에 홀로 살아 움직이는 자벌레의 서툰 귀로였다
굽은 길을 따라 얼비치는 강물이
거대한 이무기가 되어 어깨에 다붙고,
절벽마다 검은 무리가 몸을 에우는
검고 서늘한 푸섶길을 벗어나고 싶은 마음뿐이었다
그러다가 문득,
자전거 조명을 끄고 내려섰다
가장 깊은 숲속으로 들었다
마침내 걸음을 멈추고
미루나무 둥치에 기대어 서서 강물을 보았다
검은 절벽을 올려 보고 그 너머의 검은 하늘,

어둠속 키 낮은 꽃들의 형상을 보았다
강물도 백양나무 숲도 개미취도
이미 평온하기로 서로 타협을 마친 뒤였다
어둠이 손을 내밀어 슬며시 내 손을 잡았다

잘 자거라. 아가야

단잠 든 양떼를 살피는 파수꾼의 발걸음으로
자장자장 강물을 재우며 금강 길을 걸어 올랐다

집 짓는 노인
— 금강 길 12

해 바른 버드나무 골짝
강물은 굽이돌아 소沼를 이루고
조팝나무가 하얗게 산란하는
첩첩 산골에서
노인 혼자 집을 짓는다
홍수 물러간 자리
흔적 잃은 집터에서
강자갈 모래 밀어내고
집 한 채 다시 뿌리를 내린다
뜨거운 강물에 스러져도
한 곳에 발을 묻고 살아가는
강변의 쑥부쟁이처럼
다시 일어서기 위해
늙은 힘줄 돋우고 망치를 든다
가슴 식힌 강은 푸른 소沼를 이루고
끊어질 듯 이어지는
세상으로 가는 강변길이여
지싯거리며 게으르게 해 이우는
옥천 버드나무 골짝
못을 치는 노인의 적삼이
학으로 춤추는 금강 소묘

세종보

— 금강 길 13

금강아

네 여정의 몸이 묶였다고
항소를 한다면
이는 목숨을 구걸하는 짓이다
도시의 진화를 위해 이에 이른즉
딴 맘먹지 말고 예서 죽으라

* 안중근 의사의 어머니 조마리아의 편지 인용.

정암리 사람들

— 금강 길 14

정암리 사람들은 안개를 먹고 산다
새벽마다 금강에서 안개를 거두어
집을 짓고 비닐하우스를 치고
안개 속에서 붉은 딸기를 낳고
강물처럼 푸른 수박을 기른다

정암리 사람들은
강과 사람이 하나였던
태고부터 지금까지
해토머리 강변을 갈아 이랑을 만들고
밭마다 대나무 솟대를 세운다

강은 강 길로
돌개바람은 바람 길로
오신 듯 가소서

정암리 사람들은
농사가 사람에 있지 않고 하늘에 있음을 안다
먼저 하늘에 항복의 깃발을 올리고
강물의 말씀을 풀어 안개를 낳고
딸기를 낳고 수박을 낳는다

빗살무늬 토기

— 금강 길 15

금강 곁에 누운 밭이
잠에서 막 깨어나는 이른 아침
저 농부 아침 안개를 가슴으로 밀어내며
이랑 곱게 봄밭을 갈고 있네
봄밭 위에 이랑을 내는 일은
누누이 새겨온 조상들의 발자국 위에
새로운 발자국을 올리는 일
죽음을 건너며 새겨온 밭이랑 무늬로 하여
우리네 손바닥마다 발바닥마다
빗살무늬의 화인이 박히고
오늘 아침
금강 곁의 차진 밥그릇에
다시 빗살의 무늬를 새기며
뒤에 올 고운 손길을 기다리네

오른발

— 금강 길 16

한 주먹 날릴 때의 오른팔처럼,
오른발을 앞세운다

안개의 가운데
강물 소리는 선명한데
길이 보이지 않을 때
오른발 한 발짝 내보내고

길이 멀고
희망이 꺾여 벽이 될 때
한 바람의 들숨으로 무릎을 세우고
다시 오른발 한 발짝을 보낸다

비꽃이 피는 날
— 금강 길 17

굵고 성긴 비가 내리고 있습니다
푸른 강은 소중한 듯
온몸으로 비를 받아
한 송이 한 송이 비꽃을 피웁니다
금강 천리 길
온통 꽃이 피는 날
나는 온몸에 비를 맞으며
당신의 몸 어디쯤 걷고 있습니다
그대를 향한 내 눈빛 투명할수록
강물은 더욱 깊게 그대의 가슴으로 흐릅니다
길이 흐르는 물을 구속하지 않듯
나도 당신을 향한 매듭을 풀겠습니다
늙은 바위 옆 저 소나무처럼
강둑 돌밭에 핀 개망초처럼
비에 젖으며 무심한 풍경으로
당신에게 이르겠습니다
금강 천리 길
천지에 비꽃은 피고 나는 또 걷습니다
당신은 길이고
나는 당신 위에서 비로소 생명이 됩니다

공주에서
— 금강 길 18

저녁 햇살 가득 출렁이는 갈대밭 너머
푸른 강 한 줄기 흰 눈 받아
더욱 시리게 길을 여는구나
뿌리 있는 생명들이나 뿌리 없는 생명들
도무지 끌어안고 황홀하게 사랑하다가
백제의 옛터 겨울 땅 위에
뜨거운 힘줄로 일군 금강의 바람 속에
옛 초가 저녁의 다듬이 소리
돌을 쪼아 부소산성을 쌓던
장정들의 정 망치 소리 쩌렁 들리는 듯

12월 저녁 햇살 아래 능금 같이 붉은 강물아
지금은 살을 에는 겨울, 바람이 분다
웅진 곰나루의 부서진 기와도
우금치를 에운 동학의 함성도
백강의 모래밭에 앙금으로 부리며
너는 흐르기 위해 왔구나
금강에 기대어 씨 뿌리고 거두며
사랑하고 또 죽는 사연들 가슴 깊이 묻고
오로지 흐르기 위해 너는 왔구나

고이고 썩어서 강이길 거부하고

호흡을 잃고 흐름을 잃어
삶을 거부하는 세상에서
흐르며 산다는 것이 쉬운 일이더냐
흘러라 금강아
모세혈관 속 한 톨 피의 힘까지 거두어
이승에서 저승까지 앞으로만 내쳐 흘러라
동토의 땅 붉게 물들이며
천리 길 핏줄로 뜨겁게 흘러라

가난한 날
— 금강 길 19

새매 한 마리 하늘에 올랐다

금강 옆 마른 갈대숲은 새매의 사냥터
강은 넓어 하염없다

저녁이 동굴처럼 깊어지고
두 귀가 사슴마냥 자라도
메진 갈대숲은 적막하다

새매는 공중을 밟고 섰다
바람 끝의 초연처럼 미동 없다
붉은 눈으로 건乾과 곤坤을 이었다

배가 고플수록 날개를 곧게 펴야 한다

몸을 던져 얻을 한 끼의 식사
부리를 적실 피 한 점,
아직은 귓불 시리게 가난한 날

금강 하구에서

— 금강 길 20

다시 하룻길, 강으로 나섭니다
이 길은 당신에게 이르는 가슴 벅찬 길입니다
낮엔 목마름으로 밤엔 그리움으로
갈증의 촉수를 뻗어 당신을 향합니다
논산 지나 나포 근처, 긴 논둑에
성냥 불씨를 던지는 봄 빛 아래
마른 갈대들은 뼈마디를 열고
이제 흙으로 돌아가고 있습니다
방죽 너머 당신은 가르마 빛나는
부드러운 머릿결을 날리며 흐르고 있습니다
골 깊은 무주의 탯줄을 지나
이제 금강 천리 길
먼 여정의 끝자락
세상의 모든 길이 결국은 바다에 닿듯이
당신도 바다로 갑니다
나는 이쯤에서 걸음을 멈춰야겠습니다
당신의 길 위에 엎어져
무거운 짐을 부리고
어긋나 멀어지는 폐허의 햇빛 아래서*
그리움을 묻고
또 다른 길인 듯 되짚으며 돌아가겠습니다

* 강은교님의 "순례자의 밤" 인용.

2부

회양나무 계단

그 남자

장미는 모두 표정이 다르다 千의 얼굴을 가졌다 신발 끈을 새로 묶고 막 일어선 아이처럼 얼굴이 상기된 장미 멧돼지가 일군 할아버지 봉분의 햇 황토 마냥 표정이 따듯한 장미 제 앞모습을 절대로 보이지 않는 장미 잃어버린 동전을 찾는 듯 작은 머리를 숙이고 종일 두리번거리는 장미 남근을 세우고 팔베개를 해주고 싶은 장미, 그 남자의 오른쪽으로 빗어 넘긴 곱슬머리 위에는 아직 입술을 열지 않은 봉오리를 간직한 장미가 있다 첫말을 숨긴 선홍열이 볼우물에 가득하다

장미는 모두 눈빛이 다르다 千의 눈동자를 가졌다 자신의 속마음이 들키기를 간절히 바라는 장미 제 눈빛이 아름답다는 것을 이미 알아버린 장미 단지 그 남자와의 대화를 원하며 햇살주 한 잔으로 취한 장미 로드 킬로 열린 제 살보다 더 붉은 고라니의 눈동자를 닮은 장미 둘이 붙어 그 짓을 하면서 시선은 절대로 마주치지 않는 장미 난분분 눈빛 촘촘하게 산란을 하는 장미

그 남자는 도무지 수렴되지 않는다 千의 얼굴을 가진 장미들 가운데에 무능한 소점으로 서 있다 산책길에서 어긋난 무릎을 잡고 한나절이 황당한 중년처럼, 버스 기둥 옆의 침묵처럼, 흔들릴 줄도 모르고 하나의 표정과 시선을 무성생식으로 복사하고 있다 그 남자, 한 장의 사진 안에서 불멸의 생을 사는 남자

루게릭

비 한 올이 인색한 여름이다
빗살무늬의 풍요가 마른 햇살로 넘치는 아침에
늙은 향나무 아래에 선다
살구나무 가지에서 내려와
구절초의 모가지를 끌어 올려 집을 짓는
거미의 밥상에 풀흰나비 한 마리 올랐다
아직은 이른 시간,
아침마다 양송이버섯 배지에서 피어오르던
젖은 쇠똥냄새가 건너오지 않는다
바람이 잠든 아침은
초목도 마을도 굳은 쇠심줄처럼 궁핍하다
늙은 향나무 아래에 서서
가난한 암사마귀를 따라 배를 실룩거려본다
비를 기다리는 것은
희망을 강요하는 고문일 뿐,
생명들은 그저 받는 것 없이 또 주는 것 없이
가끔 꿈틀대거나 흔들리며
서로의 곁에서 견디며 연명할 뿐이다
아침 햇귀의 빗살무늬가 중중으로 선명해지고 있다

고양이가 아홉 번 재주를 넘었을 때

아홉 번이었을까, 혹은 여덟 번

벚나무는 붉은 갈잎을 성기게 던지고 있었지
자동차는 작은 읍내를 막 벗어나고

검은 고양이, 온 몸이 검고 네 다리가 흰
고양이는 왜 도로 위를 질주했을까

낯선 만남은 서로에게 짧고

여덟 번이었을까, 혹은 아홉 번
하늘로 땅으로 뒤집고 구르며

재주를 넘었지 마침내, 붉은 고양이
한 순간에 넘는 아흔아홉 고개

고양이가 눈을 찢고 들어와 앉은 후
자동차에 오를 때마다 나는 발톱을 꺼내지

고양이가 아홉 번 재주를 넘었을 때
내가 고양이의 눈으로 반짝 도로를 켤 때

버섯

가끔, 부르지 못한 이름이 있다
깊이 삼킨 호흡의 마디를 따라
모서리는 태어난다

새 잎을 밀어올린
저 늙은 왕버드나무도
봄 얼음 터지는 모서리를 지나왔다

버섯은 부정맥의 열매 같은 것

이를테면, 속 붉게 이름을 삼킨 무화과나
저녁 7시의 자실체가 키우는 포자다

한 끼 저녁식사가 재배하는
손등에 검은 버섯,
맥을 놓친 곳이 점점 확고해지고 있다

새들의 풍장

강철 기둥과 겹 창문이 손깍지를 꼈다
야물게 결속한 나이테의 상처에서 새는 날아온다

석양의 붉은 살 한 점이 탁 튄,
그녀의 볼에서
아이들의 함성이 울렁거렸다

날숨이 떠난 새의 몸은 무량하다

바람 잔 곳에 앉기를 원했으나
날개가 더 이상 목숨을 낳지 않았다

두 손에 가득 찬 먹먹한 눈물로
새는 들어와 날개를 편다

토르소

너무 추웠네 지난 겨울은
빈 간장 단지의 허리처럼 나는 어두웠지
그만 나갈까 잠시 고민도 했지만
두레박을 놓친 우물처럼 나는 공허했지

해마다 이맘때가 되면
정원사는 나를 거칠게 애무하지
빛바랜 모자를 눌러 쓴
젊은 피그말리온의 날숨 가까이서
나는 자주 혼절하고
검은 우물 속으로 떨어지곤 했네

믿기는 부활을 믿어요.
내 질긴 생명의 정점이 미완성의 손이 아니라
뿌리에 있다고 믿는 것은 본질의 문제죠

그대의 사랑은
나의 두 팔 위에 놓인 달콤한 톱날
그대를 깊이 안을수록 상처를 낳지
도대체 완성될 수 없는

회양나무 계단

회양나무 뿌리 끝까지 가 보았다
첫 걸음이 허공이었으나 가는 내내 물길이었다
회양나무 우듬지로 올라가는
물의 시선은 3월의 꼭짓점과 닿아있었다

겨우내 굶주린 꿀벌들의 투정을
식은 물 한 사발로 달래는지
꿀벌들의 빈궁貧窮한 날개 소리가
회양나무 안 물길을 흔들었다

회양나무 안에서 회양나무 계단에 앉아
커피를 타고 바나나 껍질을 벗기며
여기쯤 햇살이 들었으면 좋겠다는 생각을 했다
남쪽으로 난 창문이 커피향으로 떠올랐다

나무 계단 하나를 내려서며
점박이 물범을 만났다
회양나무의 꽃술에서 뿌리 끝으로 날아 내리는
하늘다람쥐의 집이었다

회양나무 뿌리의 마지막 동굴 속에서
깊고 검은 눈의 담비를 만나

그의 으르렁거리는 목소리를 닮아왔다

회양나무 뿌리 끝까지 가 보았다
하늘다람쥐와 점박이 물범과 담비가
뿌리 끝 동굴에서 함께 살고 있었다
아직은 맹물 한 섬의 맑은 세상이었다

눈 1

눈이 내리네

어제 핀 홍매화 어린 발 위에
흰 눈은 내려 쌓이네 겨울 강을 건너온
꽃무릇 푸른 잎 위에
고봉 쌀밥으로 쌓이네
등이 휜 노파의 늙은 유모차
빈 박스 위에 아름드리 쌓이네
눈은 내려 골목에도 자동차에도
그 위의 불 꺼진 가로등에도
모텔 간판에도 쌓이네
눈은 내려,
향나무 아래 깊숙하고 고요한 그늘에도
내 간과 허파의 경계에도 시리게 쌓이네
살아있는 생명은 무게를 저항하지만
눈이 쌓이지 않으면 정신이 아니지
생명이 아니지

눈이 내리네, 가만가만 다독이고
조붓이 누르며 조금씩 하얗게 쌓네
들숨과 날숨이 능숙한 인생이네

눈 2

눈이 내리네

눈은 아이스크림처럼 희고
앤디 워홀이 빚은 210개의
코카콜라처럼 달콤하네
일사가 불란不亂하네

눈은 컨베이어벨트가 낳은
무성생식의 사생아들,
소리 내어 울지 않아도 잘 읽히는
자본주의 홍보 전단지

생명은 무게를 저항하지만

모두 아이스크림을 먹고
코카콜라를 마시지
눈을 풀어 눈물을 만들고
사랑을 이루고 소금을 굽지

우리의 기도는 내일 받을 순백의 맛나
메추라기를 칼질하기 위해
눈 속에서 눈 벼락을 맞는 꿈을 꾸지
마침내, 우리는 순결한 눈의 백성들

겨울 화원

여보세요,
파문波紋 깊이 스며드는 당신을 느껴요
한 쪽이 검은 붉은 유리문이
장작 한 개비의 체온을 약속했지만
내 몸의 모든 나이테는 그대를 안은 채
서서히 굳어가고 있어요

여보세요,
자정에 터지는 중년 여인의 울음처럼
긴 터널이 있을까요
석관石棺속 미라의 정수리부터 발끝까지
그 흰 뼈를 돌아 다시 들려오는
공명으로 나는 터널을 지나고 있어요

첫사랑의 신열에서 깨어나지 못하는 당신은
흰 벌판 위의 먹감나무이거나
납탄에 떨어지는 수꿩의 찰나겠지요
여보세요,
내 붉은 피가 선명하게 들리나요

봄맞이꽃

머리가 하얗게 고스러진 할머니가

빈 박스를 유모차에 올린다

한 보자기 눈 녹은 해토머리 풀섶,

발돋움을 해도

손을 놓친 빈 하늘이다

휴지를 줍고 빈 깡통을 올리며

춘궁기의 모가지로 흔들리는

숟가락

다섯 꽃 숟가락

빈 식탁이 나를 불렀다

때 늦은 곤궁을 채우기 위해
서둘러 저녁을 불렀다
아니, 식탁이 저녁을 불렀다
라일락 둥치에서 서성이던 저녁이
어느새 내 어깨 위에 자리를 잡았다
저녁의 몸에서는 불에 탄 종이 냄새가 났다
미역국이 있는 밥상과는 짧게 만났다
아침과 점심이 그러했듯이

그릇들이 사라진 식탁,
빈 식탁이 무릎을 펴고 담배를 물었다
무심하게 여름 나뭇잎을 내려놓는 가지처럼
그의 영혼이 자유로워 보였다

그가 나를 불렀다

낮게 스미는 날숨의 부름을 따라
골똘한 눈동자 하나가 내게 들어왔다
어깨 위의 저녁은 천진난만한 자식들을
자꾸만 등에 붙였다
날물 어살에 갇힌 새우들처럼
싱싱하게 등이 굽은 어둠의 자식들이었다

>

저녁은 서성이며 더디게 돌아갔다
늘 그렇듯이 촛불의 경계처럼
점점 왜소해지다가 주변보다 더
어두워져서 돌아갔다
빈 식탁이 잠시 흔들렸다
새들이 돌아온 싸리나무 숲처럼
다시 한 번 휘청하고 허리를 숙였다
그후로 식탁은 아늑하게 고독했다
그런 그가 나를 불렀다

장미동산

로또를 샀었지
바지주머니 한쪽에 다 들어가는 상금을 넣고
그저 걷기만할 생물학적 공전의 장소가 필요했네
장미동산에 올랐지
이 길은 참 조용하고 날카롭네
고치 속에서 늦도록 가시나 다듬는
이 게으른 무리에 대해서 우리는 왜 온순할까
동산의 주인은 잠꾸러기들을 위해 별실을 마련했네

꿈속의 길은 무수하지만
우리는 막힌 골목에 익숙하지
골목의 끝에선 로또를 사지

반으로 접힌 지폐는 주머니 속에서 부풀고
동산 밖의 벚꽃은 팝콘처럼 절정을 즐기네
장미가 잠든 이 몽환의 길 끝에서
다시 로또를 사리
장미 가시가 손톱화장을 완성하기 전에
출구가 막힌 길을 하나 더 예약하리

창문을 읽다

어두워진 방바닥에 모로 누워 창문을 본다
검은 벽에 책 한권이 펼쳐져있다

어제 밤에는 저 책 틈새로
나방 한 마리가 날아왔다
넓은 사막을 지나온 듯
어둠속에서 은모래가 반짝였다

이 방은 밤마다 한 권의 책을 펼친다

가만히 들여다보면
페이지마다 다가온 사람들
멀어진 사람들의 일상이 촘촘하다

이제는 제법
속내를 감출 수 있는 나이로
무심한 척 한 페이지의 책장을 넘긴다

누군가의 행간에 들어서서
깊은 발자국들을 오래토록 따라가 본다
그런 나를 창문이 오래 읽고 있다

0에서 1사이

푸른 연잎들이 저수지 물 위에 누워
빗물을 받고 있다 수면은 수은 알갱이처럼
반짝이는 은백색의 미네랄 축제장이다

저 연잎들은 오늘 아침 수면 위로 일어섰다
여럿 찔러 본 경험이 있는
병사의 창처럼 위풍스럽고
먹물을 막 찍어낸 붓처럼 발랄했다

하늘쯤이야, 창으로 꿴 푸른 깃발 한 조각
일필휘지로 넘치는 화선지 한 장

그러나 너의 주먹은 얼마나 짧으냐
용기는 또 얼마나 허무하냐
아침에 창끝으로 일어선 연잎들이
가루비 한 줌에 서로 기대며
겹치며 물 위에 눕는다

우리가 살기 위해 겸손하거나 비열한 것처럼
자주 몸을 눕히고 욕망을 얇게 펴는 것처럼
살아 있음에 무엇이든지 진실하고
무엇이든지 사랑할만하다고 말하는 것처럼

>

0에서 1사이,
한 마디의 호흡 안에서
연잎들은 직립을 버리고 바닥에 누웠다
한 방울의 비 꽃을 옥구슬로 받드는 낮은 몸으로
이 낯선 수면을 덮는 점령군이 되었다

돌의 여행

멀리 도달하기 위해 무게를 키운다
돌은 돌 같은 고집과 근력으로
가장 멀리 닿기 위해
세상으로 난 모든 문을 스스로 닫는다
귀를 말아 얼굴에 묻고
한 번도 언어를 생산한 적 없는
입을 스윽 지우고
손과 발을 결속하여 몸에 밀어 넣는다
돌이 무게를 내려놓는 날은
긴 여정의 끝에서 마지막 날숨에 방점을 찍고
다시 바람으로 돌아가는 날
돌은 바람, 바람은 돌이라서

망실忘失

바람 불자
늙은 자두나무가 서둘러
식솔들을 내려놓았다 어미의 손을 놓친
풋도사리들의 눈동자가 망연자실
허공을 움키는 동안
허리를 푼 자두나무가 젖가슴을 끌어올리고 있다
엉덩이 탱탱하도록 젖 물리고 싶은
어미 마음이야 간절하겠지만
몸은 본능이라서
애초에 딸린 자식 없었다는 듯
서둘러 일어서 그늘을 활짝 넓혔다

열매 없는 나무의 그늘이 넓다

허리가 휘도록 슬픔을 안아보거나
붉은 상처에 맨살을 대고
몸 틀며 오래 살아 본 적 없기 때문이다
우리는 서로를 쉽게 잊을 수 있어 행복하다
불끈 일어선 자두나무의 우듬지와
그 아래 누운 그림자의 식은 체온처럼
망忘과 실失의 간격이 선명할수록
우리는 더욱더 행복하다

그 틈에 집을 짓고 살림을 들이고 서로를 당겼다가
등을 돌려 잠들며 다시 서로를 잊는다

늙는 열매

열매들이 높은 곳으로 오르기 시작했다

열매는 마침내 나무의 다이아몬드 귀고리,
햇살의 마침표, 예언된 수태고지라는
찬미의 역사를 버렸다
열매는 사바나 아까시의 가시처럼
드디어 무엇인가를 궁리하기 시작했다
젊은 열매들이 계곡 아래에 취하는 동안
늙은 열매는 계곡을 벗어나
산의 우듬지로 오르기 시작했다
제 몸조차 붉게 익힐 줄 모르고
한 보자기의 바람에나 붙달리는
도사리들과는 서로 이별하고 멀어질 때라고
열 개의 산을 넘어 문을 닫는다
그곳에서 블루베리를 심고 닭을 치고
천수답을 파고 차가운 물을 끌어와 뿌리에 붓는다
그곳에서 구름 이불을 펼쳐 사랑을 하고
더 깊이 우물을 파고 열매를 붉힌다
그곳에서 다시 댑싸리를 엮어 사립문을 닫는다
열매는 산에서 주름지고 열매는 산에서 늙는다
오늘의 열매는 내일의 열매,
순수한 열매는 늙을 지라도 끝내 가공되지 않으리라

도시는 비고 콘크리트 밀림은 곧 무너지리라

드디어 사람들이 높은 곳에서 열매로 늙기 시작했다

소녀와 늙은 벚나무

소녀가 자꾸만
거울 속 제 모습을 건너
내일을 지우기 시작했을 때
늙은 벚나무는 생애 첫걸음을
젊은 자작나무숲으로 향하고 있었다
열일곱 소녀의 비린 날숨이
나무에게 들어간 날은
산도 그만 일손을 놓고
메진 구름 그늘만
빈 논에 잰걸음을 놓는 4월이었다
소녀가 제 몸의 온기를
한 줌 움키어 건네는 동안
늙고 버섯 핀 가지가 아래로 처진 벚나무는
잠시 휘청하고 헛다리를 짚었으나
서둘러 제 자리로 돌아갔다
꽃은 떨어져 물질이 되었다
온몸이 눈동자인 돌이 되었다
햇살 아래서도 읽히길 거부하는
그 딴딴한 표정은
거울 너머 소녀의 초상과 닮아있었다
늙은 나무의 그늘은 동굴처럼 깊고
다시 오랜 침묵을 예고하고 있었다

연탄 골목

장마 끝자락, 아침 안개가
여름과 가을 사이에서 위태하게 걸려있다
예측할 수 없는 안개 전선前線의 미궁 속으로
연탄을 실은 트럭이 들어간다
손잡이가 휜 리어카도 함께 가는
골목은 늙은 나귀처럼 더디다

골목이 깊을수록
흙과 가까운 사람들이 산다
그들은 팔소매가 길어지기도 전에
창고를 열고 연탄을 쌓는다

해감내가 채 가시지 않은 골목에서
사람들은 처마 밑마다 연탄 방어선을 치고
점점 더 깊은 곳으로 들어간다
마침내, 세상으로 통하던 모든 문들을 잠근다

양푼에 가득한 보리밥처럼
한 더미의 연탄으로 풍성해진 골목
물컹하게 물러앉은 안개 전선戰線 사이로
덜컹거리며 드러나는 흑백의 풍경

우리가 사실이 될 때

차가운 눈이 대지를 덮었다

열 개의 흰 산을 지나
멀고 가까움이 선명해지고
가고 싶은 곳이
갈 수 없는 곳으로 분명해졌다

4차선 횡단보도 가운데
하얗게 누운 사람 그림자
그 위에 눈이 덮이자 사실이 드러났다
결국, 아무 일도 없었다

사실은 차갑다
단순하게 차갑고
내용도 없이 차갑고
다만 단호하게 차갑다

우리는 왜 사실 앞에서 따뜻하게 울까
눈물의 뿌리는
열원의 동굴을 지나 온 삶의 비린내일 뿐이다

욕망이 식어서 사실이 될 때

겨울 은사시나무의 이파리처럼
우리가 비로소 사실이 될 때

자전거

나는 길 위의 질빵 노동자
삼십 층 계단을 오르는 다리로
바퀴를 굴리지 시계視界는 마침하네

오늘의 과제는 낯선 곳에 닿기

어지러운 듯,
빠르지 않게 한 마장의 햇살을 묶기
지루한 듯,
느리지 않게 하루를 한 움큼씩 건너뛰기

자전거는 돌아오지 않는 습성을 가졌지

한 눈이 없는 비둘기의 날개처럼
자전거는 앞으로 구르는 것이 유일한 희망
인연은 삼십층 계단 너머의 햇살일 뿐

나는 길 위의 질빵 노동자
오늘의 과제는 햇살 너머 어둠에 닿기
다시 돌아오지 않기

3부

오후 세 시와 네 시 사이

철없는 꽃들

해토머리 삼월 초입
얼음 징을 박은 서릿발과
그 아래 맨살의 흙이
서로 등을 대고 내외하고
햇살도 설핏, 성긴 희망만 던지고

학교 교문 옆 향나무 아래
해 바른 자리 골라 살림을 차린
꽃잔디 식구들
낮잠 투정 소복하게 쌓이는
아직은 소소리바람 동네

지적장애 1급 인준이가 혼자 차지한
특수반 교실 처마 밑에도
키 낮은 봄까치꽃 한 보자기
인준이는 하루 종일 휠체어에 앉아
침을 흘리며 웃음을 만들고

처마 밑 봄까치꽃도
인준이를 따라 오물오물 웃음을 만들고
마침내 철없이
서릿발 위에서
막무가내로 팡팡 터지는 꽃봉오리들

장미 도둑

일 년 농사
울타리 장미꽃을 또 거두어 간 이
블록 담 높이 마침하게 단발한 듯

가위질 정갈하게 능숙한 손을 가진 이
꽃봉오리를 배냇 아기 어르듯
가슴에 안고 골목을 돌았을 이

장미는 울음이라는 가시를 가졌지만
장미는, 당신의 가슴에서 울지 않았네
붉은 눈동자를 감고 잠이 들었네

해마다 가위질 정갈하게
울타리 장미를 한 아름 거두어 가시는 이
어린 발등의 상처를 덮으며 멀어진 이

이른 봄비 오는 밤

앵두꽃망울이 맺혔다고
직박구리가 다녀간 후
밤바람에 잇대어 비가 내리네
대문 옆 시동밭
맨발의 지렁이 숨 굴에도
무화과나무 밑둥치를 일군 두더지 굴에도
시린 빗물은 차고 넘치리

겨우내 게을렀던 창문을 열고
소리가 하얀 물의 정원에 들어
내게 잠시 머무르다 떠난
그녀의 가녀린 발을 오래 생각하네
대추나무 연초록 어린잎들이
젖은 두 귀를 감싸는 밤에

그리고, 아무 일도 일어나지 않았다

포도밭 울타리를 새로 치기로 했다
늙은 아버지와 내가 지주목 어깨 위로
은색의 6번 철사를 두르고 힘을 모았다
늙은 나무들이 모여 사는 이곳은
오랫동안 아버지의 직장이었다
굽은 소나무 둥치에 기대어
양철 움막을 올리고
지빠귀와 물까치 떼를 쫓았다
기분 더러운 날은 늙은 동네 친구들 욕을 했다
느딴 것들 없어도 잘만 살 수 있어
누가 살아서 관을 보나 보자고
마른 고집을 틀어 짜며 움막에 들었다

오늘은 포도나무들이 고집을 쥔다
어깨를 힘써 조이면 허리께를 풀고
허리를 조이면 요란하게 어깨를 턴다
늙은 나무들의 고집이 소소리바람이다
아직은 삽날 짱짱하게 밀어내는
맵짠 봄밭에서
아버지와 나는 소심한 싸움소마냥
밭의 허리를 잡은 채 기력이 다해갔다
마침내 늙은 아버지도 나도 손을 놓고

밭 둘레의 지주목들도 슬그머니 어깨를 열었다

그리고, 아무 일도 일어나지 않았다

날개

손수건 하나가 그만, 창문 밖으로 떨어진다
암 병동 5층 아래 택시 주차장과 손수건 사이는
빈 콜라병 속처럼 고요하다

한동안 황망했을 것이다
젖은 손수건을 곱게 펴 널던 두 손이,
목 갑상샘에 자리 잡은
암 덩어리를 떼어내는 동안
아내의 눈망울도 오래 흔들렸겠다

평생 부동산 중계를 했다는 옆 병상의
민머리 할머니는 17년 만에 폐암으로
다시 떨어지면서도 전화로 전세 계약을 하고
원룸 열쇠를 바꾸고 권리금을 처리한다
보이지 않는 지폐 뭉치를 자꾸만
폐 속으로 밀어 넣는다
기침을 할 때마다 구겨진 지폐가 펄럭인다

손수건은 떨어지면서 몸을 펼쳤다
비스듬히 날아 내리며 희망을 넓혔다
가볍게 내려앉았다
지상은 여전히 춥고 어둠이 들어서고 있지만

결국, 이곳은 모든 생명의 중심

저녁 해의 긴 그림자 속으로
택시들이 줄지어 들어서고 있다
움츠린 몸들마다 날개를 달고 있다

고구마 껍질을 벗기는 밤

고구마 껍질을 벗기며 전봉준 평전*을 읽는다
이 고구마는 삶으면 달콤한 맛이 고이는
안면도 황토 고구마인데 여러 날 식고 말라서
한 입 베어 물면 목이 메인다

고부는 전라도의 절반, 천부의 낙토
한 뙈기 논밭이 없던 가난뱅이 전봉준은
잔물결에 밀린 도사리로 고부의 자투리
조소리에서 훈장이 되어 학동을 가르쳤다
어둠이 먹장으로 내려오는 밤이면
산비알 단칸 초가에서 봉준이,
전봉준은 별이 뜨고 이울도록
멍석에 앉았다 서기를 반복하며
허리가 썩고 기우는 조선을 아파했다
불면의 긴 밤을 뜬눈으로 보내고 이른 새벽,
한 사발의 자리끼와 식은 고구마로
다리의 힘줄을 세우고 짙은 눈썹을 돋워
거대한 회오리를 만들기 위해
고부 들판으로 나섰다
소소리바람에 작은 몸은 얼었어도
가슴속 질화로는 잉걸불로 타 올랐으리

>

한 사내의 굴곡지고 숨겨진 일생을 더듬으며
농무濃霧속 미로를 걷는 밤,
작은 거인의 속살이 식은 고구마로 목 메이는 밤

* 이광재 저, 전봉준 평전『봉준이, 온다』.

허름한 옷 한 벌

고라니 선생,
옷 한 벌 벗어놓고 어디 가셨나
늦은 아침을 서둘러 벗어나는 도로 옆에
허름한 옷 한 벌의 내력을 나는 알지

젊은 시절 그 옷은
물결을 거스르는 연어의 은비늘이었지
살과 피의 견고한 보루,
연인을 누이고 그녀의 다리 하나를
받아주던 육체의 빛나는 광채였지

누가 고라니 선생 앞에서
파란만장을 논할 수 있는가
은유로 출렁이는 그의 일생은
빛나는 옷으로 붉은 근육을 감추고
서늘한 칼집의 시절을 건넜지

드디어 발자국 선명하게 몸을 일으킬 수 있는
흰 눈밭의 경계에서
누군가 고라니 선생의 단벌옷을 벗긴 것인데,
벗고 나면 허름한 옷 한 벌일 뿐

허름한 옷이 움켜잡은 늦가을 햇살의 체온일 뿐

가을 하늘이

젊은 엄마가 걸음을 멈추자
한 손을 잡히고 따르던
어린 두 아들이 걸음을 멈추었다

젊은 엄마가 고추밭으로 들어가자
밭둑에서 손을 놓친
어린 두 아들도 고추밭에 들었다

고추밭은 고추잠자리 잡는 법을 가르치는
엄마의 사냥터
세렝게티 야생의 초원

엄마의 손이 잠자리를 움키는 순간,
푸른 고추 너머 붉은 고추 너머
햇살 속으로 사라지는 잠자리 한 마리

아직은 사냥을 모르는 어린 두 아들과
바다 건너에 초원을 두고 온 젊은 엄마를 안고
가을 하늘이 느리게 저물고 있다

검은 뱀

맨발이었지
고무신 한 켤레를 잃은 날은
맨발바닥이 따뜻한 4월 한낮이었지
면사무소 창고 앞 왕버드나무 자갈길을 지나
산등성을 넘는 날은 바람 한 점 없이도
복숭아 꽃잎이 그만 손을 놓는 날
병아리 걸음으로 종종 올라온 산마루,
예서부터 일곱 산등성을 넘어 집이 있고
골짜기마다 벼락처럼 쏟아져 내린 산사태가
버짐으로 핀 산길 초입
봄 햇살에 달뜬 주먹돌들 틈에
작고 빛나는 뱀, 검은 뱀
엄지발가락으로 꾹 밟아 돌 도마에 올려놓고
돌칼로 잘라서 고등어 반찬 꽁치 반찬
비린내 물컹한 고기반찬
꽃잎으로 빚은 고봉 쌀밥 세 그릇
늙은 소나무 밑에 한 상 차리고
땅에 금 그어 울타리 두르고
한 몸으로 가족을 이룬 산마루 소꿉질

가을무처럼 부풀어 오른 다리로
산을 내려 학교에 가는 다음 날도 맨발이었지

교실 옆에서 지각 벌을 서며
봄볕의 병아리처럼 자옥자옥 졸았지
집에 가는 맨발 길은
산 아래 물길을 따라 오르는 오솔길
한쪽 다리 무겁고 정신 아뜩하여
용소 옆 트럭바위에 누워 저녁 해를 보내고
어둠 속으로 오르는 애장터 길은
아버지의 땀 냄새 물컹한 등이었지
보름 넘게 독을 빼고 새 고무신 신고
다시 오른 산마루에 고기반찬 흩어지고
정신이 반쯤 지워진 옥봉이만 앉았더라
병든 고라니처럼 산마루에 움츠려 앉았더라

소걸음

남해 보길도, 우암 시 바위를 찾는 길
산속에 들어 길을 잃고 바다도 아니 뵈는
낯설고 낮은 산골에 벼밭이 하나 누웠는데
평생 처음 와 길 잃은 땅끝 건너 섬 속에서
메마른 눈물 터, 때 자국 같은 붉은 밭에 들었는데
하루 종일 언덕을 넘어 올 사람도 떠나갈 사람도 없는
보길도 골짝, 그곳에서
밭벼들이 옹기종기 모여 살고 있더라

충청도 어느 산골짝에도 속살 깊은
한 뙈기의 벼밭이 있어
곁불 쬐듯 해 그림자만 설핏 살펴도
개망초가 그만 꽃 숨을 터트리는 곳에서
젊은 아버지가 소 되어 쟁기를 끌고

이리로 가요, 그만 저리로 가요

동생을 업은 어머니가 아버지를 어르며 밭을 일궈
일씨 갈아 옷씨 넣고 황토 흙 곱게 펴 널던
이랑 가지런한 벼밭이 있어라

진물 젖은 골짝엔 벼밭이 있더라

아직도 꼬리 긴 까끄라기가 눈물샘을 헤집고
여름 햇귀 아래 칭얼대는 막내의 투정같이
마른 입속의 메진 보리알같이
바다를 건너 와 보길도를 지나고 있더라
한 보자기로 모여 키 낮은 어깰 맞대고
소걸음으로 더디게 가고 있더라

오목눈이의 시린 발

노루귀꽃을 어르는 바람인 듯
솜이불을 달싹이는 내 님의 흘레인 듯

화살나무의 홑잎을 밟고 가는
작은 새의 시린 발을 보네

나는 햇살 아래서
그는 그늘 아래서

서로 상관할 바 없는
궁색한 살림이지만

그래도 벚꽃이 함박눈으로 내리는 날은

맨발로 쪼그려 앉은 쥐똥나무처럼
오목눈이의 탁발을 오래 마중하네

참새와 앵두나무

보슬비 갠 사월 오후
참새 한 마리 내려앉았다
잠시 후에 또 한 마리,
마당에 난 작은 구멍을 살피고 있다

차갑고 단단한 마당 아래서
겨우내 배를 주리던 지렁이는
메진 흙을 꿀꺽, 삼키며 올라와
제 몸통을 닮은 숨구멍을 냈다

그곳에 누가 살고 있나
저 어둠 아래서 누가 울고 있나
작은 부리 옆에 까만 눈,
참새는 마냥 궁금했을 뿐이다

작고 검은 구멍마다
두 마리 참새가 방문하는 젓은 마당 건너
앵두나무 헛꽃을 읽는
꿀벌들의 낭낭한 말씀들

흰 고양이

검은 도로 위에 흰 고양이가
등을 굽혀 돌아누웠다
흰 고양이는 곱게 시든 나팔꽃이라서
세상을 향해 열었던 문을 서둘러 닫았다
붉은 피 한 방울도 놓치지 않았다
고양이가 세상을 등지고 돌아누운 것은
오백년 소나무의 등 굽은 묵상처럼
홀로 깊어지며
떠나고 싶은 곳이 있기 때문이다
내가 눈을 깜빡하고
잠시 세상을 지우는 사이
손과 발이 잠시 망설였을 뿐인데,
나팔꽃은 하루 피었다 지고
흰 고양이는 등을 돌려 떠났다

키다리노랑꽃

키다리노랑꽃, 그녀를 보았나요
황사 낀 농가의 시동밭에서
어린 동생을 엎고 채마를 뽑던,
젖은 손을 광목 치마에 닦으며
황매화 핀 울타리 안뜰로 들어서던
그녀를 보았나요
짚불 든 마당에서 여느 식구들처럼
잔바람에 온 몸을 떨며 서서 가늘게 어두워지던
그녀를 보았나요
겹꽃삼잎국화보다 꽃나물보다
키다리노랑꽃으로 살갑게 안겨오는
키 큰 처녀애를 보았나요
초저녁 마당가에 오줌을 갈기던 젊은 사내들
대처로 나가 봄 장끼처럼 설레는 동안
대문 밖에 한 번도 나간 적 없어도
그날 그 모습대로
새벽 일찍 일어서고 밤늦게 눕는
키다리노랑꽃, 그녀를 보았나요

텃밭

이 텃밭은
오후 세 시와 네 시 사이에 있다

한 때는 유년을 감싸주던 새 신발이었고
가보지 못한 곳을 꿈꾸는 작은 별이었다

여름이 가고 가을이 오는 동안
실한 열매는 끝내 익히지 못했다

어제는 이 작은 텃밭에
햇살 그물이 고르게 촘촘하였다

꿈을 익히지 못한 작은 별들이
빛나며 난바다를 여행하고 있었다

휘파람

꿈이
저녁 양지의
한 조각 햇살로
가벼워질 때

나는
산그늘에 들어 휘파람을 부네

내 꿈은 이곳
빛의 건너편
그늘이었다고

해설

삶의 아름다운 역설을 꿈꾸는 사랑, 희망, 행복의 시

권　온 문학평론가

‘삶의 아름다운 역설을 꿈꾸는 사랑, 희망, 행복의 시

권　온 문학평론가

1.

김종윤은 중등학교에서 학생들을 가르치는 교사이자 다수의 시집을 간행한 시인이다. 『새벽을 기다리는 마음』, 『나뭇잎 발자국』 등 여러 권의 시집을 발간한 그가 새 시집을 펴내게 되었다. 이 글은 김종윤의 시집 ‘錦江縱走詩篇’ 『금강 천리 길』을 읽으려는 하나의 시도이다. 여기에는 시인이 펼치는 시 세계의 핵심을 추출하여 많은 독자들과 공유하려는 마음이 담겨 있다. 작고 소박한 일상의 세목에 집중하는 김종윤의 시는 크고 깊은 울림을 생산하는 역동적인 궤적을 갖는다. 이제 여행은 시작되었다.

2.

장수군 물뿌랭이마을
수분령의 수분송水分松은
금강의 발원지 신무산 뜸봉샘

맑은 물줄기에 뿌리를 내리고
오늘도 푸르게 하루를 살고 있습니다
이 늙고 굽은 소나무는
갈라진 손끝마다 청바늘을 돋우고
한 줄기 샘물을 따라 바다 마중을 갑니다
뜸봉샘의 작은 물줄기는
바다를 꿈꾸는 노송의 사랑입니다
사랑은 가슴에 한 줄기 강을 내는 일입니다
변함없이 믿음을 주는 일입니다
금강의 여정이 바다에 이르듯
노송의 삶도 바다에 닿습니다
강물을 궁벽치 않은 샘을 근원으로
사랑은 마르지 않는 그리움의 힘으로
먼 길을 밀고 갑니다
우리는 한 그루 소나무를 통해
변함없이 깊어지는 믿음을 봅니다
당신에게 향하는 내 믿음을 봅니다

—「수분송 —금강 길 1」 전문

김종윤의 '금강錦江 길' 연작 이십 편은 이번 시집의 1부를 담당한다. '물뿌랭이마을', '수분령', '수분송', '금강', '뜸봉샘', '물줄기', '샘물', '바다', '강', '강물', '샘' 등 '물' 관련 어휘가 이 시를 지탱한다. 시인은 충청남도와 전라북도의 경계를 이루는 금강을 이번 시집의 핵심적인 배경으로 도입한 셈이다.

'소나무' 또는 '노송' 역시 김종윤이 바라보는 주요 대상

중 하나이다. 시인에 따르면 '금강'이 '바다'로 흘러가듯이 '노송' 역시 '바다'를 꿈꾼다. 김종윤은 이 시에 배치된 다양한 '물' 계열 어휘를 '사랑'이나 '그리움' 또는 '믿음' 같은 소중한 덕목으로 규정한다. 시인의 시를 읽는 독자가 놀라게 되는 까닭은 시의 화자 '나'가 '당신'을 지향함으로써 '우리'를 형성한다는 사실과 무관하지 않다.

바람 한줄기 소식 없고 햇살 뜨거운 날,
허리춤에 찬 물병 두 개를 비우고
지친 다리를 무겁게 끌며 걸어도
검은 길은 한마디 말없이 저만치 앞서 갑니다
금강 상류 유원지
왕버드나무 아래 배낭을 부리고
왼 발에 네 개 오른 발에 다섯 개
하얗게 부풀어 오른 물집을 터트리고
아픈 발보다 고픈 배가 간절하여
빈 그릇 하나 들고 밥 동냥을 갑니다
흰 밥과 김치 한 가득
그리고 뜨거운 고기도 몇 점
몸 속 길에 차곡차곡 밀어 넣습니다
밥 한 그릇의 힘이 오십 리
아침 밥 한 그릇의 힘으로 멀리 왔습니다
절실한 그리움도 없이
뜨거운 눈물도 모르고 살아온 날들이
동냥밥 한 그릇에게 미안합니다
배낭을 둘러메고 신발 끈을 다시 묶습니다

한 그릇 밥의 희망은 든든하고
물병이 두 개나 있는 맑은 날입니다
—『동냥밥 한 그릇 —금강 길 3』 전문

회화성이 두드러진 시이다. '금강 상류 유원지'라는 표현이 보여주듯이 이 작품 역시 '금강 길' 시편의 하나이다. 작품에 내재하는 화자 또는 시인은 "왼 발에 네 개 오른 발에 다섯 개/ 하얗게 부풀어 오른 물집을 터트리고", "지친 다리를 무겁게 끌며" 걷는다. 그가 금강 길을 걸으며 느끼는 바는 일차적으로 '아픈 발'이지만 '고픈 배' 역시 중요한 역할을 담당한다.

"아픈 발보다 고픈 배가 간절하여/ 빈 그릇 하나 들고 밥 동냥을 갑니다"라는 진술에는 '음식을 먹고 싶어 하는 욕망'인 식욕食慾이 그득하다. 시인이 금강 길을 걷는 고된 행위를 한다는 것은 자신의 '몸 속 길'에 "흰 밥과 김치 한 가득/ 그리고 뜨거운 고기도 몇 점", "차곡차곡 밀어 넣"는다는 것을 의미한다. 김종윤은 "밥 한 그릇의 힘이 오십 리"라고 말한다. '동냥밥 한 그릇'에서 '절실한 그리움'과 '뜨거운 눈물'을 깨닫는 그의 모습은 감동적이고, "한 그릇 밥의 희망은 든든하고/ 물병이 두 개나 있는 맑은 날입니다"라는 그의 진술은 인상적이다. 우리는 여기에서 김종윤 시인이 함민복이나 김종삼 같은 시인의 시 세계를 긍정적으로 도입했음을 알 수 있다.

온 천지가
눈물 한 섬씩 받아

몸 씻은 날
산봉우리마다 피어나는
붉은 눈물 자국
실컷 울고 난 하늘
한결 깊어지고
붉맑게 흐르는 금강은
가슴과 가슴에
시린 눈물 한 사발씩 건네며
마을을 지나 바다로 간다
우리는
눈물이 많은 짐승이라서
기쁨도 눈물로 풀고
슬픔도 눈물로 푼다
금강의 굵은 눈물 한 줄기는
강물이 되어 끝끝내
바다에 닿는다

—「비 온 다음 날 —금강 길 4」 전문

김종윤은 '햇살 뜨거운 날'에만 금강 길을 탐색하지 않는다. '비 온 다음 날'에도 시인의 금강 길 탐색은 계속된다. 그는 비 온 다음 날을 '몸 씻은 날'로 규정하고 '비'를 '눈물'로 해석하는데, 이는 매우 개성적인 시각이 아닐 수 없다. 특히 바다로 흐르는 금강의 여정을 눈물의 행진으로 해석한 점이 탁월하다. "우리는/ 눈물이 많은 짐승이라서/ 기쁨도 눈물로 풀고/ 슬픔도 눈물로 푼다"라는 시인의 단언은 한국인의 성정性情을 절묘하게 포착한다. 유유히 흐르는 금강은 유구한 역사를 감당하고 있다. 김종윤은 우리에게 금강이 이 땅에 존재하는 한 기쁨과 슬픔으로 점철된 인간의 삶은 언제까지나 지속될 것임을 보여준다.

초승달에 빛나는 호수는
묵색의 빈 편지지 한 장이다
용담골을 떠나지 못하고 호숫가에 둘러앉은
낮은 불빛들을 향해 편지를 쓴다
잔설 옆에 노루귀꽃이 피고
정자 옆 양지에는 산수유 봄물 오른다고 쓴다
어제는 고사리밭에 묘 한 채가 이사를 왔다고
남의 발로 돌아왔지만
세상에 그리움보다 더 큰 이념이
어디 있겠느냐고 쓴다
찬바람 달래면서 용담호 수면에 가만 가만 눌러 쓴다

—「용담호에 쓰는 편지 —금강 길 10」 부분

용담호龍潭湖는 전라북도 진안군 용담면 · 정천면 · 안천면 · 상전면 · 주천면 · 진안읍 일대에 용담댐이 건설되면서 조성된 인공 호수이다. 곧 용담호는 진안군의 1읍 5개 면을 수몰水沒시켜 만든 거대한 담수호이다.

김종윤은 '초승달에 빛나는 호수' 곧 '용담호'를 '묵색의 빈 편지지 한 장'에 비유한다. 시인은 용담호에게 편지를 쓰는데, 용담호와 그 주변을 향해 편지를 쓰는 행위는 이 시를 추동하는 틀이다. 시인의 눈은 '낮은 불빛들', '노루귀꽃', '산수유 봄물' 등을 포착하면서 편지를 쓴다. 4회 출현하는 동사 '쓴다(쓰다)'는 김종윤의 시인으로서의 자의식을 강조한다. 이 시의 가장 빛나는 대목으로는 "세상에 그리움보다 더 큰 이념이/ 어디 있겠느냐고 쓴다"를 꼽을 수 있겠다. 시인에 따르면 '그리움'은 '이념'보다 힘이 세다. 그리움 같은 개인의 순수한 감정을 소중하게 생각한다는 점에서 그의 시는 진정한 의미에서의 서정시이다.

회양나무 뿌리 끝까지 가 보았다
첫 걸음이 허공이었으나 가는 내내 물길이었다
회양나무 우듬지로 올라가는
물의 시선은 3월의 꼭짓점과 닿아있었다

겨우내 굶주린 꿀벌들의 투정을
식은 물 한 사발로 달래는지
꿀벌들의 빈궁貧窮한 날개 소리가
회양나무 안 물길을 흔들었다

회양나무 안에서 회양나무 계단에 앉아
커피를 타고 바나나 껍질을 벗기며
여기쯤 햇살이 들었으면 좋겠다는 생각을 했다
남쪽으로 난 창문이 커피향으로 떠올랐다

나무 계단 하나를 내려서며
점박이 물범을 만났다
회양나무의 꽃술에서 뿌리 끝으로 날아 내리는
하늘다람쥐의 집이었다

회양나무 뿌리의 마지막 동굴 속에서
깊고 검은 눈의 담비를 만나
그의 으르렁 거리는 목소리를 닮아왔다

회양나무 뿌리 끝까지 가 보았다
하늘다람쥐와 점박이 물범과 담비가
뿌리 끝 동굴에서 함께 살고 있었다
아직은 맹물 한 섬의 맑은 세상이었다

—「회양나무 계단」 전문

시인은 '회양목'이라고도 하는 '회양나무'로 만든 계단에 집중한다. 그는 '회양나무 계단'을 오르내리거나 그것에 앉아서 회양나무를 생각한다. 김종윤은 '회양나무 뿌리'를, '회양나무 우듬지'를, '회양나무 안 물길'을, '회양나무의 꽃술'을 상상한다.

회양나무를 향한 시인의 사유는 넓고도 깊다. 그는 '물의 시선'을 바라보고, '꿀벌들의 빈궁한 날개 소리'를 듣는다. 김종윤은 "회양나무 계단에 앉아" '커피'와 '바나나 껍질'과 '햇살'과 '남쪽으로 난 창문'을 떠올린다. 그는 '점박이 물범'을 만나고 '하늘다람쥐의 집'을 발견한다. 시인은 "깊고 검은 눈의 담비를 만나/ 그의 으르렁 거리는 목소리를" 듣는다. 이 시의 1연 첫 행과 6연의 첫 행은 공통적으로 "회양나무 뿌리 끝까지 가 보았다"라는 문장이다. 김종윤 시인은 회양나무 계단에 앉아서 회양나무와 그 주변을 향한 생각과 상상과 사유의 끝을 지향한다. 우리가 이 시를 읽으며 느끼는 바는 무엇인가? 어떤 대상의 궁극을 꿈꾼다는 것은 얼마나 근사한 일인가?

눈이 내리네

어제 핀 홍매화 어린 발 위에
흰 눈은 내려 쌓이네 겨울 강을 건너온
꽃무릇 푸른 잎 위에
고봉 쌀밥으로 쌓이네
등이 휜 노파의 늙은 유모차
빈 박스 위에 아름드리 쌓이네
눈은 내려 골목에도 자동차에도
그 위의 불 꺼진 가로등에도
모텔 간판에도 쌓이네
눈은 내려,
향나무 아래 깊숙하고 고요한 그늘에도
내 간과 허파의 경계에도 시리게 쌓이네
살아있는 생명은 무게를 저항하지만
눈이 쌓이지 않으면 정신이 아니지
생명이 아니지

눈이 내리네, 가만가만 다독이고
조붓이 누르며 조금씩 하얗게 쌓네
들숨과 날숨이 능숙한 인생이네
—「눈 1」 전문

이 시는 '대기 중의 수증기가 찬 기운을 만나 얼어서 땅 위로 떨어지는 얼음의 결정체' 곧 '눈'에 주목한다. 지금, 여기에서 눈은 여기저기에 시종일관 내리고 쌓인다. 눈은 '유모차', '빈 박스', '골목', '자동차', '가로등', '모텔 간판' 등 인간이 살아가는 도시에, '홍매화', '푸른 잎', '향나무' 등 자연에 내리고 쌓인다.

이 뿐만이 아니다. "내 간과 허파의 경계에도 시리게 쌓이네"라는 진술이 보여주듯이 눈은 시의 화자 '나'의 내면에도 온다. 시인이 독자에게 전달하려는 핵심적인 메시지는 "살아있는 생명은 무게를 저항하지만/ 눈이 쌓이지 않으면 정신이 아니지/ 생명이 아니지"라는 진술이다. 눈의 무게는 때로 아픔과 상처와 고통을 동반할 테지만, 그래서 인간은 눈의 무게에 저항할 테지만, 그럼에도 불구하고 우리는 눈을 맞아야 한다는 것. 눈이 쌓여야 진정한 '정신'이 되고 진정한 '생명'이 된다는 것. 내리고 쌓이는 눈을 "가만가만 다독"여야 "들숨과 날숨이 능숙한 인생"이 된다는 것.

로또를 샀었지
바지주머니 한쪽에 다 들어가는 상금을 넣고
그저 걷기만할 생물학적 공전의 장소가 필요했네
장미동산에 올랐지
이 길은 참 조용하고 날카롭네
고치 속에서 늦도록 가시나 다듬는
이 게으른 무리에 대해서 우리는 왜 온순할까
동산의 주인은 잠꾸러기들을 위해 별실을 마련했네

꿈속의 길은 무수하지만
우리는 막힌 골목에 익숙하지
골목의 끝에선 로또를 사지

반으로 접힌 지폐는 주머니 속에서 부풀고
동산 밖의 벚꽃은 팝콘처럼 절정을 즐기네
장미가 잠든 이 몽환의 길 끝에서
다시 로또를 사리
장미 가시가 손톱화장을 완성하기 전에
출구가 막힌 길을 하나 더 예약하리

—「장미동산」 전문

인간에게는 꿈꿀 권리가 있다. 꿈이 있는 인간은 누구나 행복하다. 꿈은 막막한 현실과 대비됨으로써 더욱 돌올하게 빛난다. 김종윤의 이 시는 '꿈'을 말하고 '몽환'을 이야기한다. 시인은 일상의 버거운 무게에 짓눌리면서도 우리가 살아갈 수 있는 까닭을 꿈이나 몽환 같은 환상에서 찾는다.

이 작품에서 현실은 '막힌 골목'이나 '골목의 끝' 또는 '출구가 막힌 길' 등으로 형상화된다. 현실을 '골목'이나 '길' 등으로 비유한 시인은 '로또'라는 매개로 꿈에 도달하려고 노력한다. '상금'이나 '지폐' 또는 '로또'는 우리들의 바지주머니 속에서 팝콘처럼 부푼다. "로또를 샀었지", "로또를 사지", "다시 로또를 사리" 등 세 개의 문장은 과거, 현재, 미래 시제를 각각 대변한다. 로또는 암담한 현실을 극복할 수 있는 숨구멍이다. 희망의 가능성은 언제까지나 지속되어야 한다는 김종윤의 전언이 아름답다.

어두워진 방바닥에 모로 누워 창문을 본다
검은 벽에 책 한 권이 펼쳐져있다

어제 밤에는 저 책 틈새로
나방 한 마리가 날아왔다
넓은 사막을 지나온 듯
어둠속에서 은모래가 반짝였다

이 방은 밤마다 한 권의 책을 펼친다

가만히 들여다보면
페이지마다 다가온 사람들
멀어진 사람들의 일상이 촘촘하다

이제는 제법
속내를 감출 수 있는 나이로
무심한 척 한 페이지의 책장을 넘긴다

누군가의 행간에 들어서서
깊은 발자국들을 오래토록 따라가 본다
그런 나를 창문이 오래 읽고 있다

—「창문을 읽다」 전문

'창문'과 '책'과 '사람들'에 집중하는 시이다. 시의 화자 '나'는 "창문을 읽"고, "창문을 본다" 흥미로운 점은 '창문' 역시 '나'를 "오래 읽고 있다"는 사실이다. 창문과 연결된

서술어가 '읽다(읽고 있다)' 또는 '보다(본다)'임을 감안하면 '창문'과 '책'의 관련성을 유추할 수 있다. 이 시에서 책은 '책장'이나 '페이지' 등과 같은 계열을 형성하며 "책 한 권이 펼쳐져있다", "저 책 틈새로", "한 권의 책을 펼친다", "한 페이지의 책장을 넘긴다" 등으로 구체화된다. 4연의 "페이지마다 다가온 사람들/ 멀어진 사람들의 일상이 촘촘하다"라는 진술은 '페이지'와 '사람들'의 연결을, '책(책장)'과 '일상'의 관련을 암시한다. 6연의 "누군가의 행간에 들어서서/ 깊은 발자국들을 오래토록 따라가 본다" 역시 '누군가(사람들)'의 '깊은 발자국들(일상)'과 '행간(책)'의 교섭을 보여준다.

김종윤은 '창문'과 '책'과 '사람들'을 동시에 노출함으로써 '시'와 '삶'이 하나 되는 순간을 추구한다. 시인은 우리에게 '책'을 읽는 일이 '창문'에 투영된 '사람들'의 '일상'을 바라보는 일과 다른 것이 아님을 알려준다.

그러나 너의 주먹은 얼마나 짧으냐
용기는 또 얼마나 허무하냐
아침에 창끝으로 일어선 연잎들이
가루비 한 줌에 서로 기대며
겹치며 물 위에 눕는다

우리가 살기 위해 겸손하거나 비열한 것처럼
자주 몸을 눕히고 욕망을 얇게 펴는 것처럼
살아 있음에 무엇이든지 진실하고
무엇이든지 사랑할만하다고 말하는 것처럼

—「0에서 1사이」 부분

0은 무無이고 1은 유有이다. 시의 제목이기도 한 '0에서 1사이'는 '없음'과 '있음'의 관계를 암시한다. 시인에 따르면 삶이란 '용기'와 '허무' 사이를, '겸손'과 '비열' 사이를 왕복하는 일이다. 삶이란, 살아 있음이란, 너무나 절실한 것이어서, 우리는 삶에 관해서 "무엇이든지 진실하고/ 무엇이든지 사랑할만하다고" 말하게 된다.

0이 1이 되는 순간, 부재가 존재로 이동하는 순간, 우리의 뜻과는 상관없이 삶은 시작되었다. 1이 0이 되는 때, 존재가 부재로 움직이는 때, 역시 당신과 나의 뜻과는 무관하게 삶은 죽음으로 이동할 것이다. 우연하게 시작된 유한한 삶을 향한 인간의 욕망은 끝없다. 언젠가 다가올 0의 시간을 선선히 맞이하기 위해서 우리는 '진실'과 '사랑'을 준비해야겠다.

열매 없는 나무의 그늘이 넓다

허리가 휘도록 슬픔을 안아보거나
붉은 상처에 맨살을 대고
몸 틀며 오래 살아 본 적 없기 때문이다
우리는 서로를 쉽게 잊을 수 있어 행복하다
불끈 일어선 자두나무의 우듬지와
그 아래 누운 그림자의 식은 체온처럼
망忘과 실失의 간격이 선명할수록
우리는 더욱더 행복하다

그 틈에 집을 짓고 살림을 들이고 서로를 당겼다가
등을 돌려 잠들며 다시 서로를 잊는다
— 「망실忘失」 부분

이 시의 제목인 '망실忘失'은 '어떤 사실을 잊어버림'을 뜻하는 표현으로서 '망각忘却'이라고도 한다. 김종윤이 망실을 내세우는 까닭은 그것이 역설逆說과 연결되기 때문이다. 시인이 선보이는 망실과 역설의 조합은 "열매 없는 나무의 그늘이 넓다", "우리는 서로를 쉽게 잊을 수 있어 행복하다", "망忘과 실失의 간격이 선명할수록/ 우리는 더욱더 행복하다" 등의 진술로 구체화한다. 삶은 무無가 유有가 되고, 망실이 행복이 되는 역설의 순간을 꿈꾼다. 독자는 시인의 시를 읽으며 사막 같은 삶을 건널 힘을 얻는다.

차가운 눈이 대지를 덮었다

열 개의 흰 산을 지나
멀고 가까움이 선명해지고
가고 싶은 곳이
갈 수 없는 곳으로 분명해졌다

4차선 횡단보도 가운데
하얗게 누운 사람 그림자
그 위에 눈이 덮이자 사실이 드러났다
결국, 아무 일도 없었다

사실은 차갑다
단순하게 차갑고
내용도 없이 차갑고
다만 단호하게 차갑다

우리는 왜 사실 앞에서 따뜻하게 울까
눈물의 뿌리는
열원의 동굴을 지나 온 삶의 비린내일 뿐이다

욕망이 식어서 사실이 될 때
겨울 은사시나무의 이파리처럼
우리가 비로소 사실이 될 때

— 「우리가 사실이 될 때」 전문

'눈'이 내린다. "차가운 눈이 대지를 덮었다." 우리는 "열 개의 흰 산을 지나"간다. 흰 눈은 "멀고 가까움"을 구분한다. 하얀 눈으로 "가고 싶은 곳이/ 갈 수 없는 곳으로 분명해졌다" 3연의 진술 "그 위에 눈이 덮이자 사실이 드러났다/ 결국, 아무 일도 없었다"에는 눈의 복합적인 기능이 담겨 있다. 눈은 '사실'을 드러내지만, 그 사실의 드러냄은 무無로 귀결된다는 것.

이 대목에서 이런 의문이 고개를 든다. "아무 일도 없었다"라는 진술은 진정한 없음을 의미하는가? 눈으로 인해 어떤 사실이 드러났음을 부인할 수는 없지 않은가? 눈이 발견한 사실의 속성은 형용사 '차갑다'와 긴밀하게 관련된다. "사실은 차갑다/ 단순하게 차갑고/ 내용도 없이 차갑고/ 다만 단호하게 차갑다"라는 일련의 진술은 사실의 차가움을 강렬하게 입증한다.

놀라운 것은 사실의 차가움이 따뜻함과 연결된다는 점이다. 우리는 차가운 사실의 속살에 따뜻한 눈물이 내재한다는 점을 기억해야 한다. 사실의 차가움과 눈물의 따뜻함이 악수할 때, "삶의 비린내"가 피어오를 수 있다. 그때가 "우리가 비로소 사실이 될 때"이다.

손수건 하나가 그만, 창문 밖으로 떨어진다
암 병동 5층 아래 택시 주차장과 손수건 사이는
빈 콜라병 속처럼 고요하다

한동안 황망했을 것이다
젖은 손수건을 곱게 펴 널던 두 손이,
목 갑상샘에 자리 잡은
암 덩어리를 떼어내는 동안
아내의 눈망울도 오래 흔들렸겠다

평생 부동산 중계를 했다는 옆 병상의
민머리 할머니는 17년 만에 폐암으로
다시 떨어지면서도 전화로 전세 계약을 하고
원룸 열쇠를 바꾸고 권리금을 처리한다
보이지 않는 지폐 뭉치를 자꾸만
폐 속으로 밀어 넣는다
기침을 할 때마다 구겨진 지폐가 펄럭인다

손수건은 떨어지면서 몸을 펼쳤다
비스듬히 날아 내리며 희망을 넓혔다
가볍게 내려앉았다
지상은 여전히 춥고 어둠이 들어서고 있지만
결국, 이곳은 모든 생명의 중심

저녁 해의 긴 그림자 속으로
택시들이 줄지어 들어서고 있다
움츠린 몸들마다 날개를 달고 있다

— 「날개」 전문

'손수건'이 "창문 밖으로 떨어"져서 '지상'에 닿을 때까지의 짧은 시간을 다루는 시이다. 김종윤은 물리적인 시간의 짧음을 뛰어넘는다. 2연에서는 "목 갑상샘에 자리 잡은/ 암 덩어리를 떼어"낸 '아내의 눈망울'을 떠올리고 3연에서는 '폐암'에 걸린 '민머리 할머니'의 부동산 중계 활동을 생각한다.

이제 손수건은 단순한 사물이 아니다. 손수건은 '희망'의 메신저이다. 손수건이 "가볍게 내려앉"은 우리가 살아가는 '지상'은 '모든 생명의 중심'이다. 손수건은 '움츠린 몸들' 또는 고단한 시민들에게 하늘이 내린 '날개'가 된다.

3.

이 글은 김종윤의 시집 『금강 천리 길』을 「수분송 —금강 길 1」, 「동냥밥 한 그릇 —금강 길 3」, 「비 온 다음 날 —금강 길 4」,

「용담호에 쓰는 편지 —금강 길 10」, 「회양나무 계단」, 「눈 1」, 「장미동산」, 「창문을 읽다」, 「0에서 1사이」, 「망실忘失」, 「우리가 사실이 될 때」, 「날개」 등 열두 편의 시편을 중심으로 파악하려는 시도이다.

시인은 이번 시집에서 큰 비중을 차지하는 '금강 길' 연작에서 다양한 '물' 계열 어휘를 '사랑'이나 '그리움' 또는 '믿음' 같은 소중한 덕목으로 규정하였다. 김종윤은 우리에게 금강이 이 땅에 존재하는 한 기쁨과 슬픔으로 점철된 인간의 삶은 언제까지나 지속될 것임을 보여주었다. 그리움 같은 개인의 순수한 감정을 소중하게 생각한다는 점에서 그의 시는 진정한 의미에서의 서정시로 규정할 수 있다.

「회양나무 계단」에서 시인은 회양나무와 그 주변을 향한 생각과 상상과 사유의 끝을 지향하였다. 우리가 이 시를 읽으며 느끼는 바는 어떤 대상의 궁극을 꿈꾼다는 것의 근사함이다. 시 「눈 1」에서 김종윤은 눈의 무게가 때로 아픔과 상처와 고통을 동반할 테지만, 그래서 인간은 눈의 무게에 저항할 테지만, 그럼에도 불구하고 우리는 눈을 맞아야 한다고 역설하였다.

시 「장미동산」에서 독자들은 희망의 가능성은 언제까지나 지속되어야 한다는 김종윤의 아름다운 전언을 목도하였다. 시 「창문을 읽다」에서 시인은 '창문'과 '책'과 '사람들'을 동시에 노출함으로써 '시'와 '삶'이 하나 되는 순간을 추구하였다. 그는 우리에게 '책'을 읽는 일이 '창문'에 투영된 '사람들'의 '일상'을 바라보는 일과 다른 것이 아님을 알려주었다.

시 「0에서 1사이」에서 김종윤은 우연하게 시작된 유한한 삶을 향한 인간의 욕망이 끝없다고 해석하였다. 그는 언젠가 다가올 0의 시간을 선선히 맞이하기 위해서 '진실'과 '사랑'을 준비해야함을 알려주었다. 시 「망실忘失」에서 시인은 무無가 유有가 되고, 망실이 행복이 되는 삶의 역설을 꿈꾼다고 진술하였다.

시 「우리가 사실이 될 때」에서 우리는 차가운 사실의 속살에 따뜻한 눈물이 내재한다는 시인의 메시지에 주목해야겠다. 시 「날개」에서 시인은 '희망'의 전달자로서의 손수건, 하늘이 '움츠린 몸들' 또는 고단한 시민들에게 내린 '날개'로서의 손수건을 확인하였다.

앞으로도 아픔, 상처, 고통 등 부정적인 상황이 그득한 현실 속에서도 사랑, 희망, 행복 등 삶을 추동하는 긍정적인 덕목을 소중하게 여기는 김종윤 시인의 시작詩作이 굳건하게 지속될 것을 바라 마지않는다. 그의 시가 형상화하는 삶의 역설이 더 큰 문학적인 성취로 나아갈 것을 진심으로 기원한다.

김종윤

김종윤 시인은 1964년 충북 옥천에서 태어나 현재는 대전에서 생활하고 있으며 충남의 중등학교에서 교사로 근무하고 있다. 시집으로 『새벽을 기다리는 마음』, 『텃밭 생명의 노래』, 『길에게 길을 묻다』, 『네모난 바퀴를 가졌네』, 『나뭇잎 발자국』이 있다. 대전문인협회, 사단법인 문학사랑협의회, 화요문학, 해밀 등에서 동인으로 활동하고 있으며 대전문학상 등을 수상하였다.
김종윤 시인은 금강종주시편縱走詩篇을 통해 삶과 길을 씨실과 날실로 묶으며 길 위의 삶을 노래하고 있다. 그의 시들은 상처 깊이 들어가야 만날 수 있는 삶의 여정이며 길 위의 노래이다. 김종윤 시인의 '금강종주시편縱走詩篇' 『금강 천리 길』은 금강의 발원지인 장수 뜸봉샘에서부터 군산 탁류까지의 여정을 발과 자전거로 쓴 시집이며, 신동엽 이후 가장 아름답고 탁월한 서정시집이라고 할 수가 있다. "우리는/ 눈물이 많은 짐승이라서/ 기쁨도 눈물로 풀고/ 슬픔도 눈물로 푼다/ 금강의 굵은 눈물 한 줄기는/ 강물이 되어 끝끝내/ 바다에 닿는다(「비 온 다음 날 —금강 길 4」). 비단강, 즉, 금강이 우리들의 굵은 눈물이라니, 그야말로 '눈물의 기적'이자 '서정시의 승리'라고 하지 않을 수 없다.

이메일 : kjy199@hanmail.net

김종윤 시집

錦江縱走詩篇
금강 천리 길

발　　행 2017년 6월 22일
지 은 이 김종윤
펴 낸 이 반송림
편집디자인 김지호
펴 낸 곳 도서출판 지혜
계간시전문지 애지
기획위원 반경환 이형권 황정산
주　　소 34624 대전광역시 동구 선화로 203-1, 2층 도서출판 지혜 (삼성동)
전　　화 042-625-1140
팩　　스 042-627-1140
전자우편 ejisarang@hanmail.net
애지카페 cafe.daum.net/ejiliterature

ISBN : 979-11-5728-234-0 03810
값 9,000원